Shogologo Babies
Les Bébés Shogologo
Shogologo Abifabii

BY FLORA A. TREBI-OLLENNU

ILLUSTRATED BY JAN VANDENBERG

AMERLEY TREB BOOKS

Shogologo Babies/Les Bébés Shogologo/Shogologo Abifabii
Text Copyright/Niŋmaa © 2002 & 2025 Flora A. Trebi-Ollennu
Illustrations/Nitɛŋmɔi Copyright © 2002 Jan Vandenberg
Cover Illustration © 2002 Jan Vandenberg
Cover Design © 2002 & 2025 Amerley Treb Books

All rights reserved. No part of this book may be reproduced in any form or by any electronic or mechanical means, including information storage and retrieval systems, without permission in writing from the publisher, except by a reviewer who may quote brief passages in a review. For information regarding permission, write to Amerley Treb Books, P. O. Box 3009, Beaumont, Alberta, T4X 1K8, Canada, or e-mail amerleytrebbooks@gmail.com, or visit our website, amerleytreb-books.com.

Any person who does any unauthorized act in relation to this publication may be liable to criminal prosecution and civil claims for damages.

African Symbols for Day Names Copyright ©2024 Flora A. Trebi-Ollennu
Tudor Rose Symbol Copyright © Sodacan - Own work, CC BY-SA 3.0
Fleur De Lis Symbol Copyright © Krzysztof Franek - Own work, CC BY 3.0

978-1-894718-35-6 - hardcover
978-1-894718-36-3 - soft cover
978-1-894718-37-0 - ebook
978-1-894718-38-7 - audio

This book is printed on paper suitable for recycling and made from fully managed and sustained forest sources. Logging, pulping and manufacturing processes are expected to conform to the environmental regulations for the country of origin.

A catalogue record for this book is available from Library and Archives Canada

To My Twin Children
Trebi-Essilfie and Essilfua
(A Double Blessing)

À mes enfants jumeaux
Trebi-Essilfie et Essilfua
(Une double bénédiction)

Wolo Nɔjɔɔmɔ
Miijɔɔ wolo nɛɛ nɔ miihã mibii hãjii
Trebi-Essilfie kɛ Essilfua
(Jɔɔmɔ Nɔkpo)

Where to Find

6	Shogologo Babies Les Bébés Shogologo Shogologo Abifabii
76	Exercises – Think About It
78	Exercises – Réfléchissez-y
80	Nitsumɔ – Jwɛŋmɔ he
82	Rhyme Time L'heure des rimes
83	Shitiimɔ Nifeemɔ
84	Find them in the story Retrouvez-les dans l'histoire Taomɔ yɛ wolo lɛ mli
85	More Day Names Plus de noms de jours Gbi Gbɛi Komɛi
88	Symbols for Each Day Name Symboles pour chaque nom de jour Gbi Samai

Auntie Miisher woke up one morning.
She said, "I have a painful feeling.
I think I am going to have a baby by dusk.

Tante Miisher se réveille un matin.
Elle dit : « J'ai une sensation douloureuse.
Je pense que je vais avoir un bébé au crépuscule.

Awo Miishɛɛ teshi leebi ko, ni ekɛɛ,
"Kẽmɔmɔ mi kẽmɔɔ nɛkɛ!
Efeɔ mi akɛ mafɔ dãni je baana ŋmɛnɛ.

That will be Saturday—no,
I crave a Sunday-born."
And, true to her desire, a baby boy, by Sunday at dawn.

Ce sera samedi—non,
je veux un enfant né le dimanche. »
Et, fidèle à son désir, un petit garçon, le dimanche à l'aube.

Kɛ eba lɛ nakãi lɛ, mafɔ Hɔɔ—dabi,
Masumɔ mafɔ Hɔgbaa bi."
Eba mli nakãi pɛ, binuu, Hɔgbaa, dãni wuɔ gbɛɛ.

What shall I name this bundle of delight?
His face radiates with sunlight,
His eyes are keen but cool,
His body as soft as wool.

Comment vais-je appeler ce bébé?
Son visage rayonne de soleil,
Ses yeux sont vifs mais frais,
Son corps est doux comme de la laine.

Mɛni gbɛi mawo bo, hiɛmɛɛ bi keŋŋ?
Ohiɛ ŋ'kplɛ ookɛ shwane hulu kãŋŋ,
Hiŋmɛi klɛklɛ ni hiɛ kã.
Bi nuguu ookɛ toohetsɔi funyaa.

He shall be a gentle breeze.

I will call him Kwashi,
I will call him Kwesi,
If he were a girl,
I will call her Ashia.

　　　Il sera une douce brise.

　　Je l'appellerai Kwashi,
　　Je l'appellerai Kwesi,
　　Si c'était une fille,
　　Je l'appellerai Ashia.

　　　Ootsɔ̃ kɔɔyɔɔ ko ni mli ŋɔɔ.

　　Matsɛ bo Kwashi
　　Matsɛ bo Kwesi
　　Ni aji biyoo ji bo kulɛ,
　　Matsɛ bo Ashia.

Auntie Miisher woke up one morning.
She was served eyor, hot and steaming.
She chuckled under her breath with a real task.
"I think I am going to have a baby by dusk."

Tante Miisher se réveille un matin.
On lui servit de l'eyor, chaud et fumant.
Elle gloussa à voix basse avec peine.
« Je pense que je vais avoir un bébé au crépuscule. »

Awo Miishɛɛ teshi leebi ko.
Ena eyɔɔ ko eeye, klakla kɛ ŋɔɔmɔ ko.
Eŋmɔ miskɛɛ yɛ esɛŋ, shi ŋmlɔ lɛ kɔ̃ lɛ.
"Efeɔ mi akɛ mafɔ dãni je baana ŋmɛnɛ."

"That will be Sunday—no
I crave a Monday-born."
And true to her desire, a baby girl,
By Monday at dawn.

« Ce sera un dimanche—non,
Je veux un enfant né le lundi. »
Et fidèle à son désir, une petite fille,
Par lundi à l'aube.

"Kɛ eba lɛ nakãi lɛ, mafɔ Hɔgbaa—dabi,
Masumɔ mafɔ Ju bi."
Eba mli nakãi pɛ,
Biyoo, Ju, dãni wuɔ gbɛɛ.

What shall I name this bundle of heaven?
Her face is sweet and full of giving,
And filled with looks that will govern.
Her touch as soft as clouds gently woven.

Comment dois-je appeler ce paquet de ciel?
Son visage est doux et plein de don,
Et rempli de regards qui gouverneront.
Son toucher est aussi doux que des nuages délicatement tissés.

Mɛni gbɛi mawo bo, ŋwɛi nikeenii nɛɛ?
Hiɛ fɔfɔɔfɔ kɛ ŋma; nɔhãlɔ nɛ.
Ekãshi faŋŋ; oole mɔnɔkwɛmɔ.
Oyɛ frɔm ookɛ atatui ni alo tɔtɔɔtɔ.

She shall be pleasant as the sunset.

I will call her Ajua,
I will call her Ajo,
And if she were a boy,
I would call him Kojo.

Elle sera agréable comme le coucher du soleil.

Je l'appellerai Ajua,
Je l'appellerai Ajo,
Et si c'était un garçon,
Je l'appellerais Kojo.

 Ootsɔ̃ hulushinyɔɔ ni yɛ akɔnɔ.

Matsɛ bo Ajua,
Matsɛ bo Ajo,
Ni aji binuu ji bo kulɛ,
Matsɛ bo Kojo.

Auntie Miisher woke up one morning.
She was served eyor, hot and steaming.
Ringing her bell now and then,
Touting her wares from hut to deck.
Grr ... "I feel a hunch in my neck."

Tante Miisher se réveille un matin.
On lui a servi de l'eyor, chaud et fumant.
Sonnant sa cloche de temps en temps,
Vendant ses marchandises de hutte en quai.
Grr ... « Je sens une bosse dans mon cou. »

Awo Miishɛɛ teshi leebi ko.
Éna eyɔɔ ko eeye, klakla kɛ ŋɔɔmɔ ko.
Eŋmlɛ gbɛɔ kɛyaa kɛbaa nɛɛ.
Enii ehɔ̃ɔ nɛɛ, shiaia amli kɛ kponɔ fɛɛ.
"Eeei ... nɔko ŋ'tse ŋ'kuɛ, nɔko ŋ'kɛɛ mi nɔko."

"I think I am going to have a baby by dusk."
That will be Monday—no,
I crave a Tuesday-born."
And true to her desire, a baby boy,
By Tuesday at dawn.

« Je pense que je vais avoir un bébé au crépuscule.
Ce sera un lundi—non,
Je veux un bébé né le mardi. »
Et fidèle à son désir, un petit garçon,
Par Mardi à l'aube.

"Efeɔ mi akɛ mafɔ dãni je baana ŋmɛnɛ.
Kɛ eba lɛ nakãi lɛ, mafɔ Ju—dabi,
Masumɔ mafɔ Jufɔ bi."
Eba mli nakãi pɛ,
Binuu, Jufɔ, dãni wuɔ gbɛɛ.

What shall I call this bundle of hope?
His face is sturdy, his looks say I will cope.
And yet expressions of tenderness abound in his eyes.
His arms whirl with energy divinely endowed.

Comment appeler ce paquet d'espoir?
Son visage est robuste, son regard dit que je vais m'en sortir.
Pourtant, les expressions de tendresse abondent dans ses yeux.
Ses bras tournent avec l'énergie dont il est divinement doté.

Mɛni gbɛi mawo bo, hiɛnɔkãmɔ bi?
Ookwɛ ojoo nɔ ojo; otsii pii.
Moŋ kɛ fɛo, mlijɔlɛ egba afrofro kɛ wula bo.
Nyam hewalɛ ewo onɔ gojoo.

He shall be a mighty wave.

I will call him Kobla,
I will call him Kobina,
And if he were a girl,
I will call her Araba.

Il sera une vague puissante.

Je l'appellerai Kobla,
Je l'appellerai Kobina,
Et si c'était une fille,
Je l'appellerai Araba.

 Ootsɔ̃ ŋshɔke wulu.

Matsɛ bo Kobla,
Matsɛ bo Kobina,
Ni aji yoo ji bo kulɛ,
Matsɛ bo Araba.

Auntie Miisher woke up one morning.
She was served eyor, hot and steaming.
Ringing her bell now and then,
Touting her wares from hut to dock.
Under the biggest baobab tree, she swung in her hammock.

Tante Miisher se réveille un matin.
On lui servit de l'eyor, chaud et fumant.
Faisant sonner sa cloche de temps en temps,
Vendant ses marchandises de hutte en quai.
Sous le plus grand baobab, elle se balançait dans son hamac.

Awo Miishɛɛ teshi leebi ko.
Ena eyɔɔ ko eeye, klakla kɛ ŋɔɔmɔ ko.
Eŋmlɛ gbɛɔ kɛyaa kɛbaa nɛɛ,
Enii ehɔ̃ɔ nɛɛ, shiaia amli kɛ kponɔ fɛɛ.
Eehere kɔɔyɔɔ yɛ ahimanka ni tsotsoro baobab tso agbo ko shishi.

"A bee on my nose!" she screeched,
Hands over her face like a mask.
"I think I am going to have a baby by dusk.
That will be Tuesday—no,
I crave a Wednesday-born."
And, true to her desire,
A baby girl, Wednesday at dawn.

« Une abeille sur mon nez, » s'écrie-t-elle,
Les mains sur le visage, comme un masque.
« Je pense que je vais avoir un bébé au crépuscule.
Ce sera mardi—non,
J'ai envie d'un bébé né le mercredi. »
Et, fidèle à son désir,
Une petite fille, mercredi à l'aube.

"Kwɛɛ, wobi ni sɔ̃ migugɔ nɔ!"
Oya ni ekɛ enine tsĩ ehiɛ amrɔ.
"Efeɔ mi akɛ mafɔ dãni je baana ŋmɛnɛ.
Kɛ eba lɛ nakãi lɛ, mafɔ Jufɔ—dabi,
Masumɔ mafɔ Shɔ bi."
Eba mli nakãi pɛ,
Binuu, Shɔ, dãni wuɔ gbɛɛ.

What shall I name this bundle of joy?
Her face is lovely, looks filled with awe,
A touch of gold from the earth's core,
A saintly gift without a flaw.

Comment vais-je appeler ce bébé?
Son visage est adorable, son regard émerveillé,
Une touche d'or provenant du cœur de la terre,
Un cadeau saint et sans défaut.

Mɛni gbɛi mawo bo, miishɛɛ bi?
Ohiɛ floŋŋ ookɛ fɔfɔi hee,
Oona shɔŋŋ nii, ookwɛ kɛ nilee.
Ohe tse ookɛ shika ni hi,
Nɔni anáa kɛkɛ ja shikpɔŋ shishi,
Jwetri ni shwamɔ ko bɛ he.

She shall be a luscious tree.

I will call her Ekuba,
I will call her Aku,
And if she were a boy,
I would call him Kwaku.

Elle sera un arbre luxuriant.

Je l'appellerai Ekuba,
Je l'appellerai Aku,
Et si c'était un garçon,
Je l'appellerai Kwaku.

 Ootsɔ̃ tso wulu ni woɔ yibii pii.

Matsɛ bo Ekuba,
Matsɛ bo Aku,
Ni aji binuu ji bo kulɛ,
Matsɛ bo Kwaku.

Auntie Miisher woke up one morning.
She was served eyor, hot and steaming.
Ringing her bell now and then,
Touting her wares from hut to dock,
Under the biggest baobab tree, she swung in her hammock.

Tante Miisher se réveille un matin.
On lui servit de l'eyor, chaud et fumant.
Faisant sonner sa cloche de temps en temps,
Vendant ses marchandises de hutte en quai,
Sous le plus grand baobab, elle se balançait dans son hamac.

Awo Miishɛɛ teshi leebi ko.
Ena eyɔɔ ko eeye, klakla kɛ ŋɔɔmɔ ko.
Eŋmlɛ gbɛɔ kɛyaa kɛbaa nɛɛ,
Enii ehɔ̃ɔ nɛɛ, shiaia amli kɛ kponɔ fɛɛ,
Eehere kɔɔyɔɔ yɛ ahimanka ni tsotsoro baobab tso agbo ko shishi.

"Make me cornmeal tossed over okra with a twist.
My my my what a drool with a fist!"

« Faites-moi de la semoule de maïs sur du gombo avec une torsion.
Oh là là, quelle bave avec un poing! »

"Naa, ahã mi banku kpakpa ko kɛ eŋmɔmi wonu ko maye kɛkɛ.
Eeei! Mɛni minaa yɛ minaa nɛɛ? Eŋmɔmi kplãlee ni efi atwɛrɛ!"

"I think I am going to have a baby by dusk.
That will be Wednesday—no,
I crave a Thursday-born."
And, true to her desire,
A baby girl, Thursday at dawn.

« Je pense que je vais avoir un bébé au crépuscule.
Ce sera mercredi—non,
J'ai envie d'un bébé né le jeudi. »
Et, fidèle à son désir,
Une petite fille, le Jeudi à l'aube.

"Efeɔ mi akɛ mafɔ dãni je baana ŋmɛnɛ.
Kɛ eba lɛ nakãi lɛ, mafɔ Shɔ—dabi,
Masumɔ mafɔ Soo bi."
Eba mli nakãi pɛ,
Biyoo, Soo, dãni wuɔ gbɛɛ.

What shall I call this bundle of pleasure?
Her face is charming, smiles without measure,
Her voice like an angel's, a unique treasure,
A voice to lend at leisure.

Comment appeler ce paquet de plaisir?
Son visage est charmant, des sourires sans mesure,
Sa voix comme celle d'un ange, un trésor unique,
Une voix à prêter à loisir.

Mɛni gbɛi mawo bo, akɔnɔ bi hɔŋŋ?
Hiɛ fɛo kɛmɔ shi, ŋmlɔ kɛ miishɛɛ sɔŋŋ,
Gbeŋ ni ŋɔɔ ookɛ ŋwɛi bɔfo,
Nikeeni ni baashɛje mɛi ámli babaoo.

She shall be a symphony.

I will call her Aba,
I will call her Soyoo,
And if she were a boy,
I would call him Kwao.

Elle sera une symphonie.

Je l'appellerai Aba,
Je l'appellerai Soyoo,
Et si c'était un garçon,
je l'appellerais Kwao.

Ootsɔ̃ lalakɛyii akuu agbo.

Matsɛ bo Aba,
Matsɛ bo Soyoo,
Ni aji binuu ji bo kulɛ,
Matsɛ bo Kwao.

Auntie Miisher woke up one morning.
She was served eyor, hot and steaming.
Ringing her bell now and then,
Touting her wares from hut to dock.
Under the biggest baobab tree, she swung in her hammock.

Tante Miisher se réveille un matin.
On lui servit de l'eyor, chaud et fumant.
Faisant sonner sa cloche de temps en temps,
Vendant ses marchandises de hutte en quai.
Sous le plus grand baobab, elle se balançait dans son hamac.

Awo Miishɛɛ teshi leebi ko.
Éna eyɔɔ ko eeye, klakla kɛ ŋɔɔmɔ ko.
Eŋmlɛ gbɛɔ kɛyaa kɛbaa nɛɛ,
Enii ehɔ̃ nɛɛ, shiaia amli kɛ kponɔ fɛɛ,
Eehere kɔɔyɔɔ yɛ ahimanka ni tsotsoro baobab tso agbo ko shishi.

"Make me cornmeal tossed over okra with a twist."
Out and about, gathering firewood, she chanced on a beast.
"Oh heavens, I am out of luck.
I need to bask!"

« Faites-moi de la semoule de maïs sur du gombo avec une torsion. »
Alors qu'elle ramassait du bois, elle tomba par hasard sur une bête.
« Oh là là, je n'ai pas de chance.
Il faut que je me prélasse! »

"Naa, ahã mi banku kpakpa ko kɛ eŋmɔmi wonu ko maye kɛkɛ."
Eyi koŋ, ni ebɔ̃i lai lɛɛ. Sua! Nɛɛgbɛ kua jɛ yɛ biɛ?
"Mɛni sane nɛ? Áni nɔkpakpa ko eŋmɛɛmi?
Eei hã mawo mitsui gbɔnii."

"I think, I am going to have a baby by dusk.

That will be Thursday—no,
I crave a Friday-born."
And, true to her desire,
A baby boy, Friday, at dawn.

« Je pense que je vais avoir un bébé au crépuscule.

Ce sera jeudi—non,
J'ai besoin d'un vendredi né. »
Et, fidèle à son désir,
Un petit garçon, vendredi, à l'aube.

"Efeɔ mi akɛ mafɔ dãni je baana ŋmɛnɛ.

Kɛ eba lɛ nakãi lɛ, mafɔ Soo, dabi,
Masumɔ mafɔ Sohaa bi."
Eba mli nakãi pɛ,
Biyoo, Sohaa, dãni wuɔ gbɛɛ.

What shall I call this bundle of innocence?
His face is laced with grace in abundance,
His lips move cautiously, his cheeks dance,
With delight. And his arms are adorned with confidence.

Comment appeler ce paquet d'innocence?
Son visage est empreint d'une grâce abondante,
Ses lèvres bougent prudemment, ses joues dansent,
Avec plaisir. Et ses bras sont ornés de confiance.

Mɛni gbɛi mawo bo, bi ni éye ehe, ayilɔ futaa?
Nyam ko ni ŋɔɔ miikpɛ yɛ ohiɛ, omanye naa,
Onaa eyi kɛ ŋaa; miishɛɛ eju odabii ahe fɛɛ,
Oje oblaŋ kɛ yishi, hiɛwaa kɛ hewalɛ.

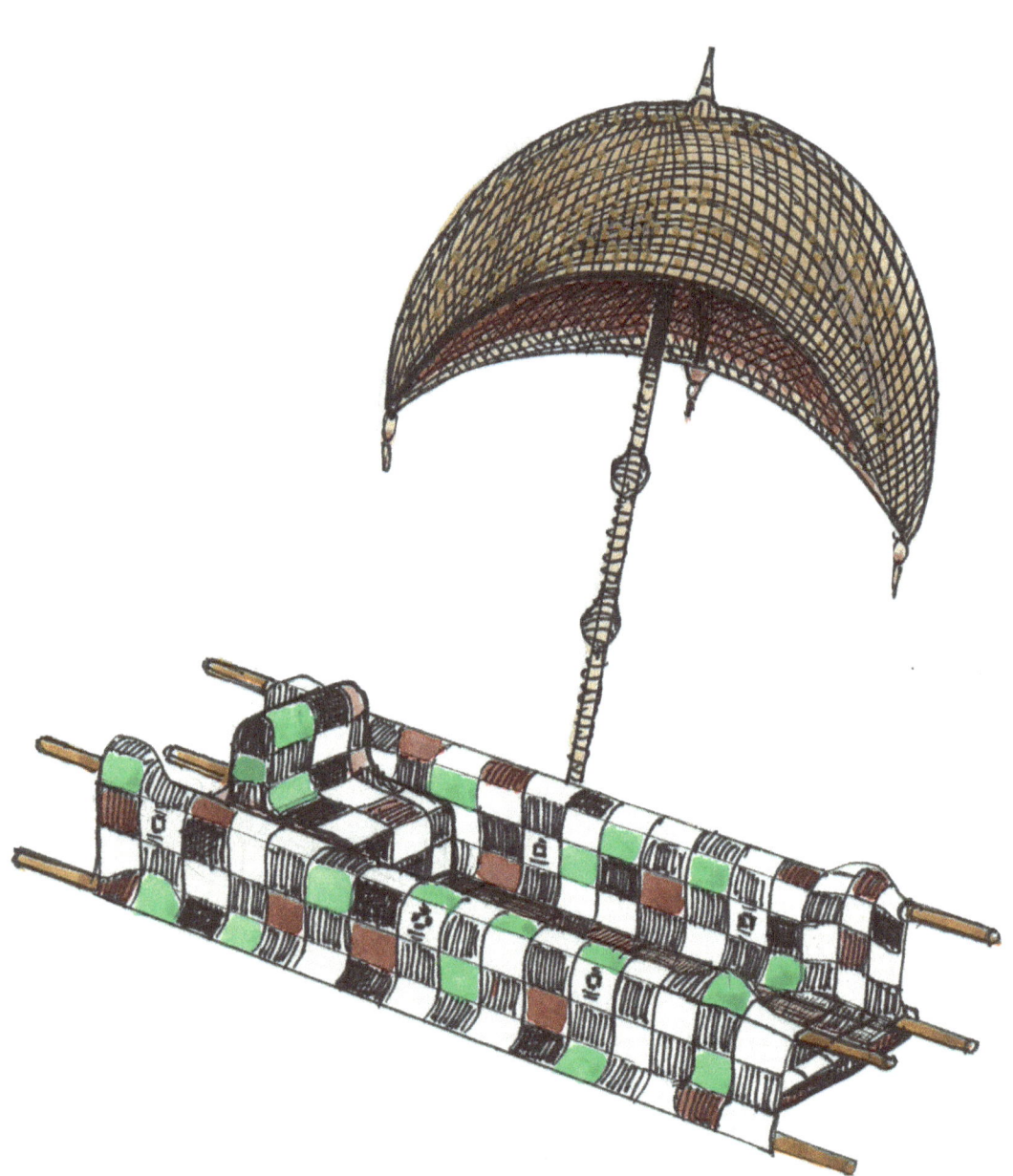

He shall be a noble.

I will call him Kofi,
I will call him Fifi,
And if he were a girl,
I would call her Efiba.

Il sera noble.

Je l'appellerai Kofi,
Je l'appellerai Fifi,
Et si c'était une fille,
Je l'appellerai Efiba.

 Ootsɔ̃ gbɔmɔ agbo.

Matsɛ bo Kofi,
Matsɛ bo Fifi,
Ni aji biyoo ji bo kulɛ,
Matsɛ bo Efiba.

Auntie Miisher woke up one morning.
She was served eyor, hot and steaming.
Ringing her bell now and then,
Touting her wares from hut to dock,
Under the biggest baobab tree, she swung in her hammock.

Tante Miisher se réveilla un matin.
On lui servit de l'eyor, chaud et fumant.
Sonner sa cloche de temps à autre,
Vendant ses marchandises de hutte en quai,
Sous le plus grand baobab, elle se balançait dans son hamac.

Awo Miishɛɛ teshi leebi ko.
Ena eyɔɔ ko eeye, klakla kɛ ŋɔɔmɔ ko.
Eŋmlɛ gbɛɔ kɛyaa kɛbaa nɛɛ,
Enii ehɔ̃ nɛɛ, shiaia amli kɛ kponɔ fɛɛ,
Eehere kɔɔyɔɔ yɛ ahimanka ni tsotsoro baobab tso agbo ko shishi.

"Make me cornmeal tossed over okra with a twist."
Out and about, gathering firewood, she chanced on a beast.
"Make me soup churning with that beast for tonight's feast!"
Suddenly the beast began to squirm and squeak over wrist.
With eyes bulging out she wrest the beast with a real task.

« Faites-moi de la semoule de maïs sur du gombo avec une torsion. »
En ramassant du bois, elle tomba par hasard sur une bête.
« Prépare-moi une soupe avec cette bête pour le festin de ce soir! »
Soudain, la bête se mit à se tortiller et à couiner au-dessus de son poignet.
Les yeux exorbités, elle lutta contre la bête avec acharnement.

"Naa, ahã mi banku kpakpa ko kɛ eŋmɔmi wonu maye kɛkɛ."
Eyi koŋ; eyaa kɛbaa kɛ lai lɛɛ, gleŋŋ! Naa kua dãmɔ ehiɛ.
"Kwɛɛ, akɛ kooloo nɛɛ ahoo wɔgbɛkɛ niyenii mɔ."
Ohiɛ nɛ, kooloo lɛ tu esõ enineshi kɛ blɔmɔ.
Gbeyei kɛ ekãa, ehoso kua lɛ eshɛfõ.

"I think, I am going to have a baby by dusk.

    That will be Friday—no,
    I crave a Saturday-born."
    And, true to her desire,
    A baby boy, Saturday, at dawn.

« Je pense que je vais avoir un bébé au crépuscule.

Ce sera vendredi—non,
Je veux un bébé né un samedi.»
Et, fidèle à son souhait,
Un petit garçon naît samedi, à l'aube.

"Efeɔ mi akɛ mafɔ dãni je baana ŋmɛnɛ.

    Kɛ eba lɛ nakãi lɛ, mafɔ Sohaa—dabi,
    Masumɔ mafɔ Hɔɔ bi."
    Eba mli nakãi pɛ,
    Biyoo, Hɔɔ, dãni wuɔ gbɛɛ.

What shall I call this bundle of times?
Her face is pure elegance, hidden behind smiles,
And grace flows over into her palms,
Her voice rings like bell chimes.

Comment appeler cet ensemble de moments?
Son visage est pure élégance, caché derrière des sourires,
Et la grâce se déverse dans ses paumes,
Sa voix résonne comme le carillon d'une cloche.

Mɛni gbɛi mawo bo, bi ni jetsɛree bo, je enaa bo?
Agbojee ewula bo kɛ heshibaa kpoo;
Áaayoo o yɛ hefiahe, odɛŋ ni waaa lɛ hewɔ,
Ogbeŋ gbɛɔ, keŋŋ, ookɛ ŋmlɛ ŋɔɔmɔ.

She shall be a refreshing brook.

I will call her Amba,
I will call him Ama,
And if he were a boy,
I would call him Kwamena.

Elle sera un ruisseau rafraîchissant.

Je l'appellerai Amba,
Je l'appellerai Ama,
Et s'il était un garçon,
Je l'appellerais Kwamena.

Ootsɔ̃ nuhiŋmɛi ni tueɔ.

Matsɛ bo Amba,
Matsɛ bo Ama,
Ni aji binuu ji bo kulɛ,
Matsɛ bo Kwamena.

Auntie Miisher woke up one morning,
She did not have a painful feeling,
She did not chuckle under her breath with a real task,
She was not out of luck,
She did not need to bask,
She did not screech nor
Use her hands as mask.

Tante Miisher s'est réveillée un matin,
Elle n'avait pas mal,
Elle ne pas gloussa à voix basse avec peine,
Elle n'était pas malchanceuse,
Elle n'avait pas besoin de se prélasser,
Elle ne criait pas et,
N'utilisait pas ses mains comme masque.

Awo Miishɛɛ teshi leebi ko,
Ekẽmɔɔ,
Ŋmlɔ ko ekõɔ lɛ,
Nɔko kpakpa ko eŋmɛɛ lɛ,
Ewoo etsui gbɔnii,
Eboo kɛ hewalɛ,
Ekɛ enine etsĩi ehiɛ.

Grr ... she did not have a hunch in her neck,
There was no drool with a fist,
She did not have to wrest a beast,
Shogologo, Shogologo, Shogologo,
I think, I am done having babies.

Grr ... Elle n'avait pas de bosse dans le cou,
Elle ne bavait pas avec son poing,
Elle n'avait pas à lutter contre une bête,
Shogologo, Shogologo, Shogologo,
Je pense que j'ai fini d'avoir des bébés.

Eeei .. nɔ ko yii enɔ ni ekuɛ aatse,
Énaa eŋmɔmi kplãlee ni efi atwɛrɛ,
Ehosoo kooloo ko yɛ gbeyeinaa eshɛɛ efɔ̃ɔ,
Shogologo, Shogologo, Shogologo,
Efeɔ mi akɛ mifɔ mitã!

Auntie Miisher woke up one morning.
She was served eyor, hot and steaming.
Ringing her bell now and then,
Touting her wares from hut to dock,
Under the biggest baobab tree, she swung in her hammock.

Tante Miisher se réveilla un matin.
On lui servit de l'eyor, chaud et fumant.
Sonner sa cloche de temps à autre,
Vendant ses marchandises de hutte en quai,
Sous le plus grand baobab, elle se balançait dans son hamac.

Awo Miishɛɛ teshi leebi ko.
Ena eyɔɔ ko eeye, klakla kɛ ŋɔɔmɔ ko.
Eŋmlɛ gbɛɔ kɛyaa kɛbaa nɛɛ,
Enii ehɔ̃ nɛɛ, shiaia amli kɛ kponɔ fɛɛ,
Eehere kɔɔyɔɔ yɛ ahimanka ni tsotsoro baobab tso agbo ko shishi.

"Make me cornmeal tossed over okra with a twist."
Out and about, gathering firewood, she chanced on a beast.
"Make me soup churning with that beast for tonight's feast!"
With a giggle she licked her bowl clean with her fist.
"Alas," she said, " I am back to routine."

« Faites-moi de la semoule de maïs sur du gombo avec une torsion. »
En ramassant du bois, elle tomba par hasard sur une bête.
« Prépare-moi une soupe avec cette bête pour le festin de ce soir! »
Avec un petit rire, elle lécha son bol jusqu'à le nettoyer avec son poing.
« Hélas,» dit-elle, « je suis de retour à la routine. »

"Naa, ahã mi banku kpakpa ko kɛ eŋmɔmi wonu maye kɛkɛ."
Eyi koŋ, eyáa kɛbaa kɛ lai lɛɛ, gleŋŋ! Naa kua dãmɔ ehiɛ.
"Kwɛɛ, akɛ kooloo lɛ ahoo wɔgbɛkɛ niyenii mɔ."
Ekɛ miishɛɛ ye nii lɛ fɛɛ piɛpiɛ.
"Naa, mije nɔ ekoŋ o; sane lɛ naagbee nɛ."

Exercises – Think About It

- What day were you born?
- What do you like about the baby born on the same day as you from the story?
- List all the descriptions about the baby born on the same day as you.
- What do you like about each of the seven babies?
- Do you know of any baby not born on any of the seven days of the week?

Flip Over, Peek, and Answer

- What does Auntie Miisher have for breakfast?
- What does Auntie Miisher have for lunch?
- What does Auntie Miisher have for supper?
- What work does she do?
- What does she do in her spare time?
- Identify Auntie Miisher's husband in the picture on page 69. (Clue: He is dancing on the left side of Auntie Miisher). Describe what he is wearing.

Fix Me Up Sentences

The sentences below are from the story.
They would like to be fixed up just as they are written in the story.

- As wool soft is body his
- Keen but eyes his cool are
- Shall gentle be breeze he a
- Hunch feel in a neck my I grr…
- Tuesday crave born a I
- Drool a my fist with my what my a
- Nose on bee a my
- Symphony shall she be a
- Hammock swung she in her
- Shall brook a be refreshing she

Exercises – Réfléchissez-y

- Quel jour êtes-vous né?
- Qu'est-ce qui vous plaît chez le bébé né le même jour que vous dans l'histoire?
- Répertoriez toutes les descriptions concernant le bébé né le même jour que vous.
- Qu'est-ce qui vous plaît chez chacun des sept bébés?
- Connaissez-vous des bébés qui ne sont pas nés un jour de la semaine?

Retournez, jetez un œil et répondez

- Que mange Tante Miisher au petit-déjeuner?
- Que mange Tante Miisher pour le déjeuner?
- Qu'est-ce que Tante Miisher prépare pour le souper?
- Quel est son métier?
- Que fait-elle pendant son temps libre?
- Identifiez le mari de Tante Miisher sur la photo de la page 69. (Indice: il danse à gauche de tante Miisher). Décrivez ce qu'il porte.

Correction des phrases

Les phrases ci-dessous sont tirées de l'histoire.
Elles doivent être corrigées telles qu'elles apparaissent dans l'histoire.

- Comme de la laine est doux son corps

- Mais frais sont vifs ses yeux

- Sera douce brise il une

- Bosse dans une mon cou je sens grr ...

- Mardi veux un bébé né le je

- Bave oh là là poing quelle avec un

- Nez une sur abeille mon

- Symphonie sera elle une

- Hamac balançait elle se dans son

- Ruisseau sera un rafraîchissant elle

Nitsumɔ – Jwɛŋmɔ he

- Mɛɛ gbi nɔ afɔ bo?
- Mɛni osumɔɔ yɛ abifao ni afɔ lɛ yɛ gbi nɔ ni afɔ bo yɛ lɛ he.
- Ŋmaa nɔfianɔ ni akɛɛ yɛ abifao ni afɔ lɛ yɛ gbi nɔ ni afɔ bo yɛ lɛ he.
- Mɛni osumɔɔ yɛ nibii ni akɛɛ yɛ abifabii lɛ fɛɛ ahe?
- Ole abifao ko ni afɔɔɔ lɛ yɛ gbi ko nɔ lo?

Kwɛmɔ hiɛ kɛ sɛɛ, kwɛmɔ mli fitsofitso, ni ohã hetoo

- Mɛni Awo Miishɛɛ yeɔ leebi?
- Mɛni Awo Miishɛɛ yeɔ shwane?
- Mɛni Awo Miishɛɛ yeɔ gbɛkɛ?
- Mɛni nitsumɔ Awo Miishɛɛ tsuɔ?
- Mɛni Awo Miishɛɛ feɔ kɛ etsuu nii?
- Obaanyɛ okadi Awo Miishɛɛ wu lɛ yɛ mfoniri ni yɔɔ wolo baafã 69. (Toiflimi: lɛ ji mɔni joɔ yɛ ebɛku gbɛ lɛ). Kadimɔ bɔni esaa ehe lɛ, ni osusu kɛ tsɔ̃ɔ.

Jajemɔ Sajii Nɛɛ

Ajie sajii nɛɛ kɛjɛ wolo lɛ mli. Jajemɔ amɛ bɔni aŋma yɛ wolo lɛ mli lɛ.

- Tsɔi bi ookɛ toohe funyaa nuguu
- Kã Hiŋmɛi ni hiɛ klɛklɛ
- Ootsɔ̃ mli ko ŋɔɔ kɔɔyɔɔ ni
- N'kuɛ ŋkɛɛ eeei … nɔko ŋ'tse, nɔko mi nɔko
- Jufɔ Masumɔ bi mafɔ
- Atwɛrɛ eŋmɔmi ni efi kplalee
- Migugɔ kwɛɛ, ni sɔ̃ nɔ wobi
- Lalayilɔi ootsɔ̃ agbo akuu
- Shishi agbo ko Baobab tso
- Nuhiŋmɛi tueɔ ootsɔ̃ ni

Rhyme Time

The word dusk rhymes with the word task. Match the words in the column on the left that rhyme with words in the right columns.
Remember there could be more than one rhyming word.

born	bask	times
morning	flaw	bee
sunlight	woven	smiles
cool	endowed	wool
heaven	feast	delight
neck	treasure	dance
hope	dawn	measure
abound	dusk	confidence
dock	task	
tree	feeling	
mask	deck	
twist	wrist	
pleasure	cope	
abundance	steaming	
innocence	hammock	
chimes		
core		

L'heure des rimes

Trouvez les paires de mots qui riment dans l'histoire.

Did you know

Miisher means Joy or happy in the Ga language.

Saviez-vous que

Miisher signifie « joie » ou « bonheur » en langue Ga?

Shitiimɔ Nifeemɔ - Wiemɔ Kulibii Ni Je Amɛhe

Kwɛmɔ wiemɔ kulibii nɛɛ ni otsɔ̃ɔ bɔni amɛgbɛɛmɔ je amɛhe, ni oto amɛ yɛ kuikui amli.

ekɛɛ
hewɔ
hɔŋŋ
dabi
eŋmɛɛmi
mɔnɔkwɛmɔ
hee
ko
hi
kɔɔyɔɔ

po
ŋɔɔmɔ
nigii
lɛ
hewalɛ
ŋmɛnɛ
bi
pɛ
tɔtɔɔtɔ
nilee
he
sɔŋŋ
shishi
gbɛɛ

Find them in the story

Retrouvez-les dans l'histoire

Taomɔ yɛ wolo lɛ mli

More Day Names/Plus de noms de jours/Gbi Gbɛi Komɛi

Dagomba Day Names (Ghana & Burkina Fasso)

Day/Jour/Gbi	Male/Masculin/Nuu	Female/Féminin/Yoo
Sunday/dimanche/Hɔgbaa	-	Lahari
Monday/lundi/Ju	-	Taani
Tuesday/mardi/Jufɔ	-	Talata
Wednesday/mercredi/Shɔ	-	Lariba
Thursday/jeudi/Soo	Azindo	Azima
Friday/vendredi/Sohaa	Azima	Azimapaga
Saturday/samedi/Hɔɔ	Sibido	Sibiri

Hausa Day Names (Niger & Nigeria)

Day/Jour/Gbi	Male/Masculin/Nuu	Female/Féminin/Yoo
Sunday/dimanche/Hɔgbaa	Dan Ladi	Ladi
Monday/lundi/Ju	Dan Alti	Altini
Tuesday/mardi/Jufɔ	Dan Tala	Talatu
Wednesday/mercredi/Shɔ	Dan Larai	Lariba/Larai
Thursday/jeudi/Soo	Dan Lami	Lami
Friday/vendredi/Sohaa	Dan Jummai	Jummai
Saturday/samedi/Hɔɔ	Dan Asabe	Asabe

Baoulé Day Names (Ivory Coast)

Day/Jour/Gbi	Male/Masculin/Nuu	Female/Féminin/Yoo
Sunday/dimanche/Hɔgbaa	Kouassi	Akissi
Monday/lundi/Ju	Kouadio	Adjoua
Tuesday/mardi/Jufɔ	Konan	Amlan
Wednesday/mercredi/Shɔ	Kouakou	Ahou
Thursday/jeudi/Soo	Yao	Aya
Friday/vendredi/Sohaa	Koffi	Affoue
Saturday/samedi/Hɔɔ	Kouamé	Amoin

Ewe Day Names (Ghana, Togo & Ivory Coast)

Day/Jour/Gbi	Male/Masculin/Nuu	Female/Féminin/Yoo
Sunday/dimanche/Hɔgbaa	Kosi	Kosiwor
Monday/lundi/Ju	Kouadio	Adjo/Ajowor
Tuesday/mardi/Jufɔ	Komla/Kobla	Abla/Ablewa
Wednesday/mercredi/Shɔ	Koku	Aku/Akuwa
Thursday/jeudi/Soo	Yao/Yawo	Yawa/Yaowor
Friday/vendredi/Sohaa	Kofi	Afi/Afiwor
Saturday/samedi/Hɔɔ	Komi	Ama/Ami

Akan Twi Day Names (Ghana)

Day/Jour/Gbi	Male/Masculin/Nuu	Female/Féminin/Yoo
Sunday/dimanche/Hɔgbaa	Kwesi/Akwesi	Akosua
Monday/lundi/Ju	Kwadwo	Adwoa
Tuesday/mardi/Jufɔ	Kwabena	Abena
Wednesday/mercredi/Shɔ	Kwaku	Akua
Thursday/jeudi/Soo	Yaw	Yaa
Friday/vendredi/Sohaa	Kofi	Afia
Saturday/samedi/Hɔɔ	Kwame	Ama

Akan Fante Day Names (Ghana)

Day/Jour/Gbi	Male/Masculin/Nuu	Female/Féminin/Yoo
Sunday/dimanche/Hɔgbaa	Sisi	Akosua
Monday/lundi/Ju	Jojo	Adwoa
Tuesday/mardi/Jufɔ	Ebo	Abena
Wednesday/mercredi/Shɔ	Abeku	Kukua
Thursday/jeudi/Soo	Ekow	Aba
Friday/vendredi/Sohaa	Fifi	Efe/Efua
Saturday/samedi/Hɔɔ	Kwamena/Ato	Amba

Nzema Day Names (Ghana & Ivory Coast)

Day/Jour/Gbi	Male/Masculin/Nuu	Female/Féminin/Yoo
Sunday/dimanche/Hɔgbaa	Kwesi	Ekessi
Monday/lundi/Ju	Kojo	Ajoba
Tuesday/mardi/Jufɔ	Kabela	Abelema
Wednesday/mercredi/Shɔ	Kaku	Ekuba
Thursday/jeudi/Soo	Kwao	Yaaba
Friday/vendredi/Sohaa	Kofi	Efiba
Saturday/samedi/Hɔɔ	Kwame	Ama

Ga Day Names (Ghana)

Day/Jour/Gbi	Male/Masculin/Nuu	Female/Féminin/Yoo
Sunday/dimanche/Hɔgbaa	Kwashi	Ashia
Monday/lundi/Ju	Kojo	Ajua
Tuesday/mardi/Jufɔ	Kobla	Abla
Wednesday/mercredi/Shɔ	Kwaku	Akua
Thursday/jeudi/Soo	Kwao	Aba/Soyoo
Friday/vendredi/Sohaa	Kofi	Afia
Saturday/samedi/Hɔɔ	Kwame	Ama

Symbols for Each Day Name/ Symboles pour chaque nom de jour/Gbi Samai

Day Jour Gbi	Name of Symbol Nom du symbole Gbi Sama	Symbol Symbole Sama
Sunday/dimanche/Hɔgbaa	Healing	
Monday/lundi/Ju	Hope	
Tuesday/mardi/Jufɔ	Strength	
Wednesday/mercredi/Shɔ	Give	
Thursday/jeudi/Soo	Community	
Friday/vendredi/Sohaa	Truth	
Saturday/samedi/Hɔɔ	Honor	

About the Author

Flora Trebi Ollennu is both a fiction and non-fiction writer. Her children's titles include *Sunbeamy series, Crackling Cans series, Shogologo Babies, My Daily Walk series, 28 Days of Homowo,* and *Illustrated English-Ga Alphabet.* Her adult titles include *Unquenchable Fire* and *The Tourist's Story.* And she has not resisted publishing articles in both academic and literary journals.

Flora Trebi-Ollennu holds a BSc (Hons) Planning from the Kwame Nkrumah University of Science and Technology, Kumasi, Ghana, and a Masters in Geography from the University of Saskatchewan, Canada. The fascinating eloquence of good books and how they impact people and nations, giving them hope for the future, never ceases to amaze her. Flora Trebi-Ollennu lives in Beaumont, Alberta, with her husband and four adult children.

À Propos de l'auteur

Flora Trebi Ollennu est à la fois autrice de fiction et d'ouvrages documentaires. Parmi ses titres pour enfants, on trouve les séries Sunbeamy et Crackling Cans, Shogologo Babies, My Daily Walk, 28 Days of Homowo et Illustrated English-Ga Alphabet. Ses titres pour adultes comprennent Unquenchable Fire et The Tourist's Story. Elle n'a pas non plus hésité à publier des articles dans des revues universitaires et littéraires.

Flora Trebi-Ollennu est titulaire d'une licence (avec mention) en urbanisme de l'université Kwame Nkrumah des sciences et technologies de Kumasi, au Ghana, et d'une maîtrise en géographie de l'université de Saskatchewan, au Canada. La fascinante éloquence des bons livres et leur impact sur les personnes et les nations, leur donnant espoir en l'avenir, ne cessent de l'émerveiller. Flora Trebi-Ollennu vit à Beaumont, en Alberta, avec son mari et ses quatre enfants adultes.

Wolo Ŋmalɔ Lɛ

Flora Trebi-Ollennu ŋmaa adesãi kɛ nikasemɔ wojii ehãa gbékẽbii kɛ onukpai fɛɛ. Egbékẽbii awojii lɛ ekomɛi ji, *Sunbeamy series, Crackling Cans series, Shogologo Babies, My Daily Walk series* kɛ *Homowo Gbii 28*; ni onukpai anɔ ekomɛi ji, *Unquenchable Fire* kɛ *The Tourist's Story.* Agbɛnɛ hu eŋmlaa wojii bibii hu ewoɔ nikasemɔhe agboi awojii amli. Flora Trebi-Ollennu hiɛ degree yɛ Planning ni ena kɛjɛ Kwame Nkrumah University of Science and Technology, Kumasi, Ghana, kɛ emli nɔni ji enyɔ kɛjɛ University of Saskatchewan, Canada. Enyaa kɛji ekwɛ bɔni Sɛ̃ŋmɔtso lɛ sane lɛ miitsake jakui pii kɛ nɔyaa kɛ hiɛgbelemɔ kpakpa kɛ hiɛnɔkamɔ. Flora Trebi-Ollennu kɛ ehefatalɔ kɛ ebii ejwɛ lɛ hiɔ shi yɛ Alberta.

Here are more English-Ga books you will enjoy!

Voici d'autres livres en anglais-ga qui vous plairont!

Naa Gã-kɛ-Blɔfɔ Wojii komɛi ni obaanya he!

Illustrated English-Ga Alphabet

28 Days of Homowo

Christmas Arrives at Lajwahe

Christmas Arrives at Lajwahe Coloring Book

NOTES

NOTES

www.ingramcontent.com/pod-product-compliance
Lightning Source LLC
Chambersburg PA
CBHW061151070526
44584CB00034B/4477